Leselöwen

Stütze & Vorbach

Das verletzte Wildpferd

Illustriert von Carmen Hochmann

Loewe

Inhalt

Sina und der Traum vom eigenen Pferd

Sina freute sich!
Endlich durfte sie zu Tante Julia
und den **Wildpferden**.
Ihre Tante war **Wildhüterin**
und versorgte wilde Pferde.
Sina liebte Pferde!

Aufgeregt fragte Sina ihren Papa:
„Meinst du, Papa,
ich kann ein Wildpferd bekommen?
Ich hätte so gern
ein eigenes Pferd!“
Aber Papa meinte nur: „Hm?“
Er hörte gar nicht richtig zu.

Tante Julia riss die Tür auf.
„Hatschi!“, machte sie.
„Herzlich willkommen!
Aber ich umarme
euch besser nicht.
Ich bin ziemlich erkältet.“

Besorgt sagte Sina:
„Dann kannst du dich ja gar nicht
um die Pferde kümmern.
Darf ich das machen?“

Der Wind drückte den Regen
gegen das Fenster.
Sina drängelte noch einmal.
„Bitte, lass mich nach
den Pferden sehen.“
„Hatschi!“ Julia schniefte.

Sie wickelte ihren Schal
noch fester und sagte:
„Also gut, Sina.
Bitte kontrolliere den Zaun.
Und zähle die Pferde.
Es müssen genau acht sein.
Aber nicht auf die **Koppel** gehen!“

Hilfe! Wildpferd in Not

Mit dem Rad fuhr Sina
um das umzäunte Gelände.
Sie ließ ihren Blick wandern.
Da! Hinten, in der Senke,
hoben sich drei Pferde ab.
Sie standen dicht beieinander.

Unter einem Baum sah Sina
drei weitere Wildpferde.
Zwei knabberten einander im Fell.
Das dritte stand daneben.
Also sechs.
Wo waren die übrigen?

Eigentlich blieb die Herde
immer zusammen,
hatte Tante Julia gesagt.
Sina schlüpfte
unter der äußeren Absperrung durch
und stand vor dem inneren Zaun.
Noch näher heran durfte sie nicht.

Da! Eine Bewegung!
Abseits von den übrigen Tieren
stand ein Pferd bei einem Strauch.
Es hatte die Ohren gespitzt,
sein Schweif ging hin und her.
Was tat es da?

Sina lief in seine Richtung.
Das Pferd guckte zu Sina.
Seine Ohren zuckten.
Dann galoppierte es
zu den anderen Pferden zurück.
Ob es vor Sina Angst hatte?

Oder war da noch etwas anderes?
Sina guckte genauer hin.
Neben dem Strauch
bewegte sich etwas.
Sie kniff die Augen zusammen.
Ihr stockte der Atem:
Am Boden lag ein Wildpferd!

Sie näherte sich vorsichtig.

Das Wildpferd hob den Kopf.

Es zuckte zurück und

versuchte aufzustehen.

Doch es war schwach.

Sina blieb stehen.

Das Pferd rappelte sich hoch und legte die Ohren an.

Dann machte es ein paar Schritte.

Es **lahmte**.

Das Tier war verletzt!

„Ruhig, ganz ruhig“,
flüsterte Sina. „Ich kann dir helfen.“
Das Pferd lauschte aufmerksam.
Dann legte es sich wieder hin.
Sina musste Hilfe holen.
Aber wie sollte sie
den Strauch wiederfinden?

Plitsch, platsch, plitsch.

Der Regen lief ihr in die Jacke.

Das brachte sie auf eine Idee!

Sie band ihr Halstuch um einen Ast

und radelte zurück zu ihrer Tante.

Atemlos erzählte Sina
alles ihrer Tante.
Julia rief sofort den Tierarzt an.
Nach einer Viertelstunde war er da.

In Windeseile fuhren sie
zum Gelände.
Das Pferd lag immer noch da.
Aus großen, traurigen Augen
schaute es Sina an.
Dann stand es auf.

„Oje!“, rief Tante Julia.
„Das ist Pepper!
Bestimmt hat er sich
das Hinterbein verknackst.“
Der Tierarzt erklärte:
„Wir müssen Pepper betäuben.
Er ist nicht an Menschen gewöhnt.“

Mit einem Pfeil aus einem **Blasrohr**

betäubte der Tierarzt Pepper.

Dann versorgte er

Peppers Verletzung.

Zum Schluss wurde Pepper

in den Hänger gehoben.

Am **Paddock** luden sie ihn ab.

Sina und Pepper

Langsam kam Pepper wieder zu sich.
Sein Blick war noch ganz müde.
Sina stand in der Nähe.
„Wird Pepper wieder gesund?“,
fragte sie aufgeregt.
Der Tierarzt kratzte sich am Kopf.
„Das können wir nur hoffen!“

Er erklärte: „Ein Wildpferd,
das nicht laufen kann,
wird von der Herde verstoßen.“
Sina erschrak: Das war schlimm!
Der Arzt nickte und sagte:
„Pepper braucht jetzt viel Ruhe.
So heilt das Bein am besten.“

Für Sina war klar:

Sie musste Pepper gesund pflegen!

Am nächsten Tag wollte sie zu ihm.

Tante Julia runzelte die Stirn.

„Pepper darf nicht erschrecken.

Dann würde er wegrennen.

Und er darf nicht laufen.“

Das verstand Sina.
Trotzdem wollte sie helfen.
Also sagte Julia: „Na gut.
Bring Pepper etwas Heu.
Aber komm ihm nicht zu nahe.
Und beweg dich nur langsam.“

Pock, pock, pock.

Sina hatte Herzklopfen.

Ganz vorsichtig legte sie

das Heu in den Paddock.

Pepper schaute sie an.

Und blieb liegen! Sehr gut.

Sina sprach sehr leise mit Pepper.
Und sie bewegte sich sehr langsam.
Pepper folgte mit großen Augen
jeder ihrer Bewegungen.
Er schien keine Angst zu haben.

Am nächsten Tag ging Sina
zur gleichen Zeit zu Pepper.
Scheu stand er im Paddock.
Sina flüsterte: „Ganz ruhig.
Ich bringe dir Heu,
einen Apfel und frisches Wasser.“

Peppers Ohren zuckten.
Er schaute Sina genau zu.
Und das Beste war:
Er rannte nicht weg.

Auch am Tag darauf
ging Sina zum Paddock.
Pepper stand am Zaun.
Munter schaute er Sina an.
„Schau mal“, flüsterte Sina und
warf Pepper einen Apfel hin.

Das Pferd beugte sich hinunter,
schnupperte – und fraß den Apfel.
„Freunde?“, fragte Sina.
Pepper schnaubte zufrieden.
„Das heißt bestimmt Ja“,
dachte Sina glücklich.

So ging es jeden Tag.

Sina brachte Heu.

Sina füllte das Wasser auf.

Und Pepper wartete am Zaun.

Er spitzte seine Ohren.

Er schaute Sina an.

Er kam ihr entgegen.

Sie waren Freunde geworden.

Bald war Pepper
wieder ganz gesund.
Er rannte und sprang wieder.
Aber Sina wurde sehr traurig.
In wenigen Tagen waren
ihre Ferien bei Julia vorbei.

Am letzten Abend fragte Sina:

„Kannst du mir Pepper schenken?

Wir verstehen uns so gut.

Er kann auf dem Reiterhof wohnen.

Und ich kann ihn jeden Tag reiten.

Im Herbst können wir zum Turnier."

Julia sah Sina mitfühlend an.
„Pepper ist ein Wildpferd, Sina.
Er soll frei herumlaufen."
„Ja, schon ..." Sina seufzte.
„Aber wenn ich morgen fahre
und Pepper hierbleibt,
dann sind wir beide allein."

Sina schniefte:
„Vielleicht nimmt ihn ja
seine Herde gar nicht wieder auf.“
Tränen glitzerten in ihren Augen.
„Ich habe ihn doch so lieb.“

Das Allerbeste: Freiheit

Tante Julia nahm Sina in den Arm.
Zusammen gingen sie nach draußen.
Im Mondlicht sahen sie Pepper
weit außen am Zaun stehen.
Seine Ohren waren aufgerichtet
und er blickte in die Ferne.

Tante Julia sagte: „Ich glaube,
Pepper vermisst seine Herde!
Er will zurück zu ihr.“
„Stimmt“, seufzte Sina.
„Ein Pferd braucht seine Herde.“

Der Tierarzt sah nach Pepper.
„Er kann das Bein gut bewegen!
Ihr habt ihn super gepflegt.“
Sina strahlte.
Der Tierarzt erklärte:
„Der Rest heilt am besten,
wenn er bei seiner Herde ist.“

Der Tierarzt, Julia und Sina
brachten den Hänger mit Pepper
auf das Gelände der Wildpferde.
Jetzt kam es darauf an:
Würde die Herde Pepper
wieder aufnehmen?

Vorsichtig öffnete Sina die Klappe.
Sie sprach sich selbst Mut zu:
„Ein Wildpferd ist nur
in Freiheit glücklich.
Pepper ist mein Freund.
Und meine Freunde
sollen glücklich sein.“

Das Pferd streckte den Kopf heraus.
Dann wagte es sich vorsichtig
ein paar Schritte hinaus.
Alles war gut.
Schnell wie der Wind
sauste Pepper auf die Wiese.

Tante Julia flüsterte:
„Das da vorne ist Penny,
seine Schwester.“
Das kleinste Pferd löste sich
aus der Gruppe und
kam auf Pepper zu.

Die beiden trabten
ein Stück gemeinsam.
Dann blieben sie stehen und
begrüßten sich ausgiebig.
Schließlich galoppierten sie zur Herde.

Die anderen Pferde
schnaubten und wieherten.
Sie stießen Pepper an.
Sie trabten ein Stück.
Kurz darauf standen alle wieder
beisammen und fraßen Gras.
Sina war erleichtert.

„Jetzt geht es Pepper
wieder richtig gut.
Ich werde ihn vermissen.
Aber der beste Platz für ihn
ist hier bei seiner Herde.
Bis bald, Pepper,
ich besuche dich wieder!“

Fragen und Antworten

Was ist Sinas Tante? Bringe die Buchstaben in die richtige Reihenfolge.

Wütreinhild

Antwort: Wildhüterin

Wie viele Pferde leben bei Sinas Tante? Rechne aus und kreuze an.

☐ 18-6= _____

☐ 16-8= _____

☐ 16+4= _____

Antwort: 16-8=8

Wo findet Sina das verletzte Wildpferd? Bringe die Buchstaben in die richtige Reihenfolge und kreise die richtige Antwort ein.

SCHARUT   UMAB   ATOU

Antwort: Neben einem Strauch

Wie markiert Sina die Stelle, wo das verletzte Pferd liegt? Kreuze an.

☐ Sie malt mit Kreide ein Kreuz an die Stelle.

☐ Sie bindet eines der anderen Pferde daneben an.

☐ Sie bindet ihr Tuch um einen Ast.

Antwort: Sie bindet ihr Tuch um einen Ast.

Verkehrt herum! Wie heißt das verletzte Wildpferd? Kreuze an.

☐ Rapper

☐ Peppep

☐ Reppep

Antwort: Pepper

Womit betäubt der Tierarzt Pepper? Kreise ein.

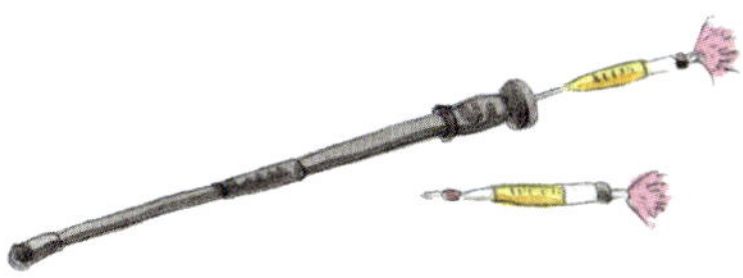

Antwort: Mit einem Pfeil aus dem Blasrohr

Was bringt Sina Pepper? Findest du die drei Wörter im Buchstabengitter?

H	E	I	H	E	I	L
M	F	R	I	S	C	H
Ö	A	P	F	E	L	E
H	V	I	O	L	U	U
L	S	E	E	G	T	L
I	R	T	K	L	E	O
G	W	A	S	S	E	R

Antwort: Heu, Apfel, Wasser

Wohin möchte Sina Pepper mitnehmen?
Kreise das richtige Wort ein.

PROFIREITERHOFFESTLICHKEIT

Antwort: Reiterhof

Mit welchem Satz spricht Sina sich Mut zu?
Trage das fehlende Wort ein.

Pepper ist mein Freund. Und meine Freunde
sollen ________________ sein.

Antwort: glücklich

Wo ist Pepper glücklich? Kreuze an.

- ☐ Allein im Stall
- ☐ Bei Mondlicht auf der Weide
- ☐ Bei seiner Herde

Antwort: Bei seiner Herde

Schon gewusst?

Wildpferde (Seite 6):

Die letzte echte Wildpferdrasse ist das Przewalski-Pferd. Pferde dieser Rasse sind kleiner und stämmiger als Hauspferde. Pepper hingegen stammt vom Hauspferd ab und lebt wie die bekannten Dülmener Pferde halbwild in einem eingezäunten Naturschutzgebiet.

Wildhüterin (Seite 6):

In Amerika werden Wildhüter „Ranger“ genannt. Sie passen auf Tiere und Pflanzen in einem bestimmten Gebiet auf und kümmern sich um sie. Oft arbeiten sie also in Naturschutzgebieten wie zum Beispiel einem Nationalpark.

Koppel (Seite 11):

Eine Koppel ist umzäuntes Weideland. Hier können sich Pferde oder andere Tiere frei bewegen und austoben.

Lahmen (Seite 19):

Wenn ein Pferd Schmerzen in einem Bein hat, belastet es dieses Bein weniger als die anderen. Es hinkt. Das nennt man Lahmen. In so einem Fall sollte man einen Tierarzt rufen, um herauszufinden, warum das Bein wehtut.

Blasrohr (Seite 25):

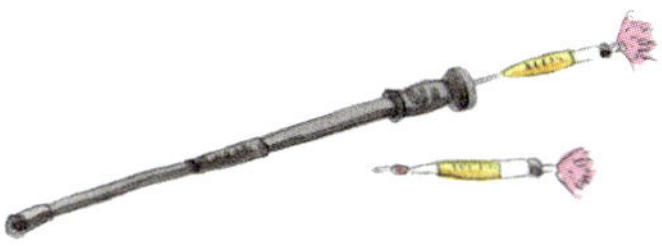

Gefährliche oder scheue Tiere „beschießt“ der Tierarzt mit Medikamenten- oder Betäubungspfeilen aus einem Blasrohr. So muss er nicht zu nah an sie heran. Die Tiere müssen keine Angst haben und auch der Tierarzt kann in sicherer Entfernung bleiben.

Paddock (Seite 25):

Der Paddock ist ein eingezäunter Auslauf für Pferde. Anders als auf der Koppel wächst hier kein Gras.

Blättere schnell um und trage die unterstrichenen Buchstaben in der richtigen Reihenfolge in die Kästchen ein!

Das Leselöwen-Lösungswort

Besuche den Leselöwen auf **www.leseloewen.de** und trage die unterstrichenen Buchstaben von den Seiten *Schon gewusst?* in der richtigen Reihenfolge in die magische Box ein.

P					

Wenn du das Lösungswort gefunden hast, kommst du auf die geheime Seite mit vielen weiteren Spielen und Rätseln!

Der **Leselöwe** freut sich auf dich!

Jetzt online!

Annett Stütze, geboren in Leipzig, studierte Germanistik und Kunstgeschichte an der Humboldt-Universität zu Berlin. Heute

lebt sie in Frankfurt am Main, schreibt und übersetzt voller Freude Kinderbücher und unterrichtet Deutsch als Fremdsprache.

Britta Vorbach, geboren in Tübingen, ist Grundschulpädagogin und arbeitete viele Jahre in verschiedenen Kinderbuchverlagen als Lektorin. Heute schreibt sie Kinderbücher und entwickelt Lernmaterialien. Sie lebt in Frankfurt am Main.

Carmen Hochmann studierte in Bielefeld Grafik-Design und ist seither als freiberufliche Illustratorin tätig. Mit ihrer Familie lebt sie am Stadtrand in einem alten Häuschen mit großem Garten. Sie zeichnet mit Liebe und Leidenschaft.

2. Klasse

Leselöwen

Geübte Leseanfänger

Die Nr. 1 für den Leseerfolg

ISBN 978-3-7432-1790-4

ISBN 978-3-7432-1820-8

ISBN 978-3-7432-1819-2

ISBN 978-3-7432-1818-5

ISBN 978-3-7432-1730-0

ISBN 978-3-7432-1731-7

Loewe
Das will ich lesen!

DRACHEN, MAGIE UND EIN GROSSES ABENTEUER!

ISBN 978-3-7432-1690-7

ISBN 978-3-7432-1735-5

Auf Drachen reiten, Kämpfen und Feuer speien – das alles lernen Kinder und Drachen in der Drachenschule Nebelsturm! Milan ist neu an diesem magischen Ort und ahnt, dass hier spannende Dinge auf ihn warten ...

Loewe
Das will ich lesen!